George GROSZ:

„ACH, KNALLIGE WELT, DU
SELIGES ABNORMITÄTENKABINETT"

LARS FISKE

GROSZ

avant-verlag

Pandemonium

„ICH STECKE VOLL BIS AN DEN
HALS HINAUF MIT GESICHTEN."

BERLIN
1916

HELMUT
NEUE JUGEND
WIELAND
HERZFELDE

1. Weltkrieg

„SEIT ICH DIESES EINE EINZIGE JAHR KRIEG
GESEHEN HABE, BIN ICH GAR NICHT
MEHR EIN SO SEHR HEFTIGER FREUND
DIESES MEINES VATERLANDES."

REKRUT
Georg
Groß
Fiske

GUBEN
4. JANUAR
1917
REKRUTEN DEPOT

LATRINE
LAZARETT

NERVENHEIL-
ANSTALT
IDIOT
BERLIN
20. MAI
1917

Amerikanismus

„TAG FÜR TAG ERHÄLT MEIN DEUTSCHENHASS NEUE, SEHR LICHTERLOH BRENNENDE NAHRUNG."

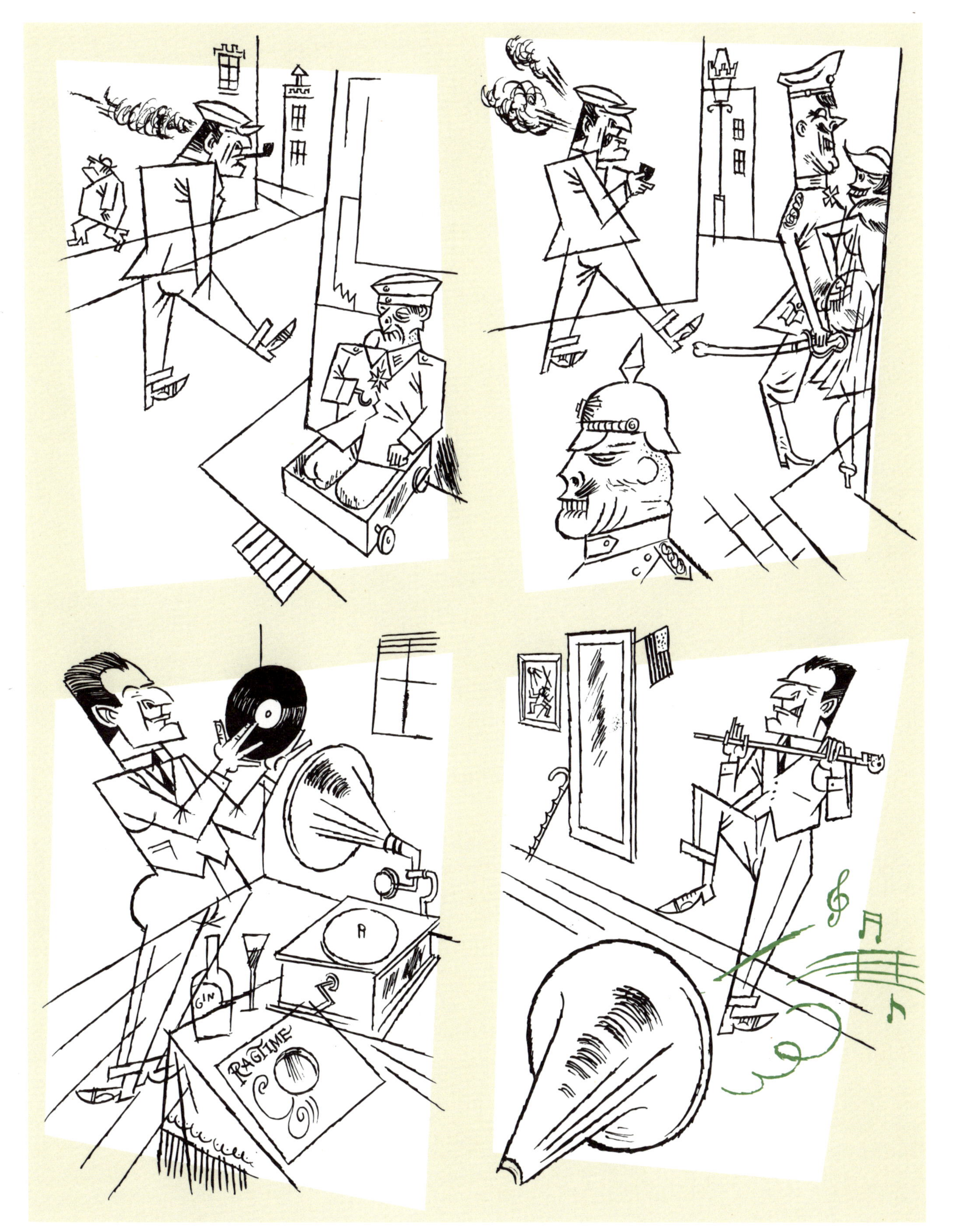
R
GIN
RAGTIME

Pass auf!
Hier kommt Gross
Niggersongs
Ragtime-tänzer
Stadtindianer

Asphaltcowboys
Gott strafe Amerika!
GOTT STRAFE ENGLAND
Georg Groß
Helmut Herzfelde
GEORGE GROSZ
JOHN HEARTFIELD

MR. George Grosz!
EVA
PETER
GIN
NEW YORK
Amerikanismus
Lederstrumpf

Revolution

„HEUTE, WO ES VON GRÖẞERER BEDEUTUNG IST,
DASS EIN ROTER SOLDAT SEIN GEWEHR PUTZT,
ALS DAS GANZE METAPHYSISCHE
WERK SÄMTLICHER MALER"

Die Rote Fahne
boten
CIGARR
Die Rote Fahne
REVOLUTION

GROSS!
GROSS!
G. GROSZ
GEORGE
GROSZ?
GEORGES LE BOEUF
?
GROSZ...

EVA
PETER
APRIL
1919
Die Pleite

Dada

„DADA STEHT AUF SEITEN DES REVOLUTIONÄREN PROLETARIATS!"

„DADA IST POLITISCH"

HEARTFIELD

KV

BERLIN
JUNI
1920
DADA-MESSE
Nehmen Sie
DADA ernst
es lohnt sich
Dilettanten
erhebt Euch
gegen die Kunst!
DADA
27
DADA ist
politisch
GEORGE GROSZ
„GOTT MIT UNS"
Fiske.

DADA
DADA ist politisch
DADA
steht auf
GEORGE GROSZ
„GOTT MIT UNS"
DEN MACHT UNS KEINER NACH / MADE IN GERMANY
DADA
DADA
steht auf
Proletariats!
„GOTT MIT UNS"

DADA
GEORGE GROSZ
„GOTT MIT UNS"
GEORGE GROSZ
„GOTT MIT UNS"
Strafe
300 MARK
Strafe
600 MARK
APRIL
1921

Ecce Homo

„REALIST, DER ICH BIN, DIENEN ROHRFEDER
UND TUSCHPINSEL MIR IN ERSTER LINIE DAZU
AUFZUZEICHNEN, WAS ICH SEHE UND BEOBACHTE,
UND DAS IST MEISTENS UNROMANTISCH,
NÜCHTERN UND WENIG TRAUMHAFT."

BERLIN
EVA & GEORGE GROSZ

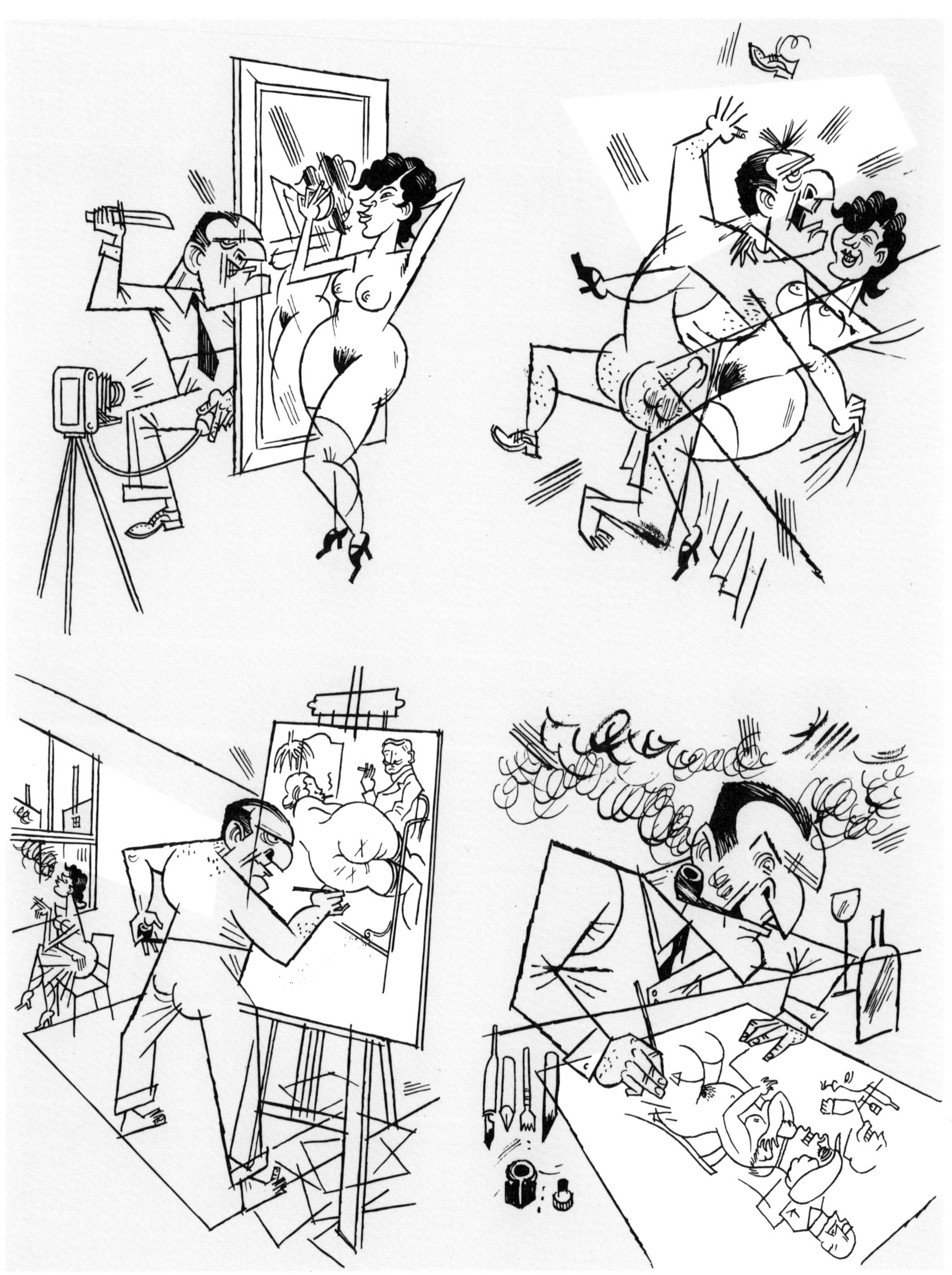

DER MALIK-VERLAG
VERLAG
GEORGE GROSZ
ECCE HOMO

-VERLAG
GEORGE GROSZ
ECCE HOM
PORNOGRAPHIE
GEORGE GROSZ
ECCE HOMO
strafe
6000,-
MARK
16. FEB
1924

Dekadenz

„DAS GEREDE VON ETHIK IST BETRUG,
BESTIMMT FÜR DIE DUMMEN. DAS LEBEN HAT
KEINEN SINN ALS DEN, SEINEN HUNGER NACH
NAHRUNG UND WEIBERN ZU BEFRIEDIGEN."

RUDI SCHLICHTER
BAR CABARET TANZ

SEXUAL
BUCHHANDLUNG

Bitterkeit

„DER MENSCH IST NICHT GUT
-SONDERN EIN VIEH!
DIE MENSCHEN HABEN
EIN NIEDERTRÄCHTIGES
SYSTEM GESCHAFFEN
-EIN OBEN UND EIN UNTEN."

Fiske.

100000
50000
Blind!

Theater

„WELCH MITTEL FÜR DEN KÜNSTLER,
DER ZUR MASSE SCHLECHTHIN SPRECHEN WILL"

ERWIN
PISCATOR
HAŠEK
SCHWEJK

INRI

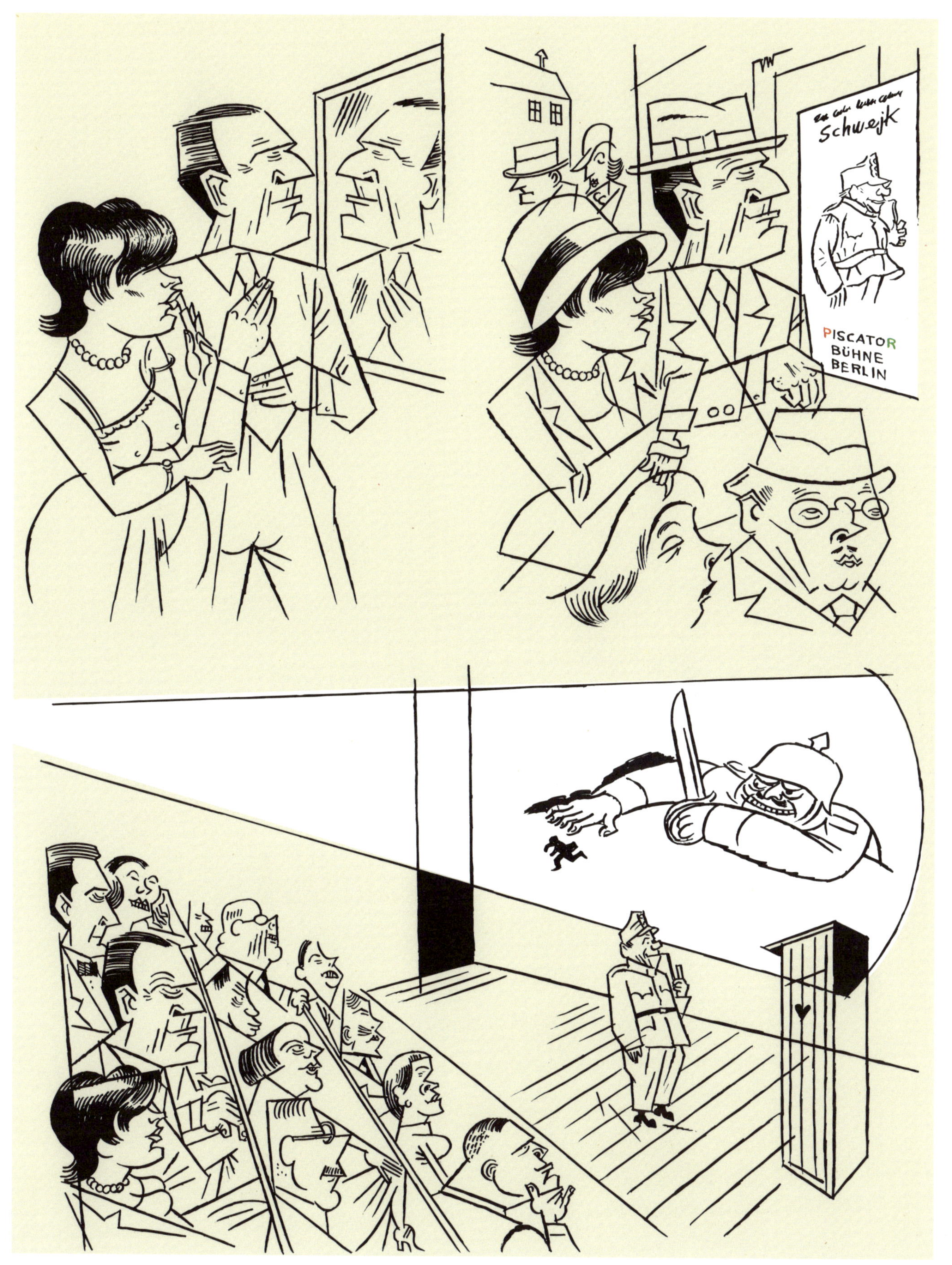
Schwejk
PISCATOR
BÜHNE
BERLIN

MALIK-VERLAG
Hintergrund
MALIK-VERL
Hintergrund
Hintergrund
1928

Pomerania

„JUGENDZEIT TAUCHT AUF.
IMMER NOCH IST DIE NATUR,
SO BANAL DIES JA KLINGT,
SYMPATHISCHER, SAUBERER UND
VERTRAUTER ALS DIE MENSCHEN"

EVA
MARTIN
PETER
GEORGE

OSTSEEBAD
PREROW
1931

Nationalsozialismus

„WEIß DER TEUFEL,
WAS DA NOCH HERAUSKOMMT."

ZIGARREN
ZIGARREN
Wählt
am 13. märs
Adolf
Hitler

Studio Grosz
Grosz!!

CONDITOREI

BREMERHAVEN ↔ NEW YORK
12. JAN 1933
SS STUTTGART

BERLIN
31. JAN
1933
Studio Grosz
Die Pleite
Georg GROSZ
DIE GEZEICHNETEN
Hinterg

Amerika

„NEW YORK: DIE STADT !!!!!!“

SUITS
2
FOR
BURLESK
DRINK
Coca-Cola
HOTEL
HATS
1^{95}
SALE
SODA
Fiske.

PANAMAS
PALM BEACH SUITS
COCKTAIL BAR
THE NEW YORKER
Esquire
Life

COCKTAIL HOUR
LUNCH
DRUGS
LONG ISLAND, N.Y.

THE NEW YORKER
THE NEW YORKER
SHER
RY

Grosz-Schule

„IN ALLER BESCHEIDENHEIT BIETE ICH HIER DEN BEWEIS, DASS ICH DER SATIRISCHEN PHASE MEINER KÜNSTLERISCHEN ENTWICKLUNG ENTWACHSEN BIN."

LONG ISLAND,
1936
ONE WAY
DOUGLASTON
32ND FLOOR
Grosz School
Boy, Oh Boy!
745 FIFTH AVE

DINNER
COCKTAIL

CAPE
COD
1938
ART INSTITUTE
OF CHICAGO
1939
OPEN FREE
PRIZE

Apokalypse

„WE SURVIVORS HAVE TO SURVIVE,
AND THAT IS ALL. SURVIVING
UP TO THE NEXT HOLOCAUST."

ENTARTETE KUNST
MÜNCHEN
1937
BERLIN
1939
1940
N.Y.
BAR

CHARLES CHAPLIN'S
"THE GREAT DICTATOR
1942
GIN
1945

Kaputt

„HUGH! ICH HABE GESPROCHEN!"

NEW YORK
1959
CUXHAVEN
HANSEATIC
BERLIN
JUNI

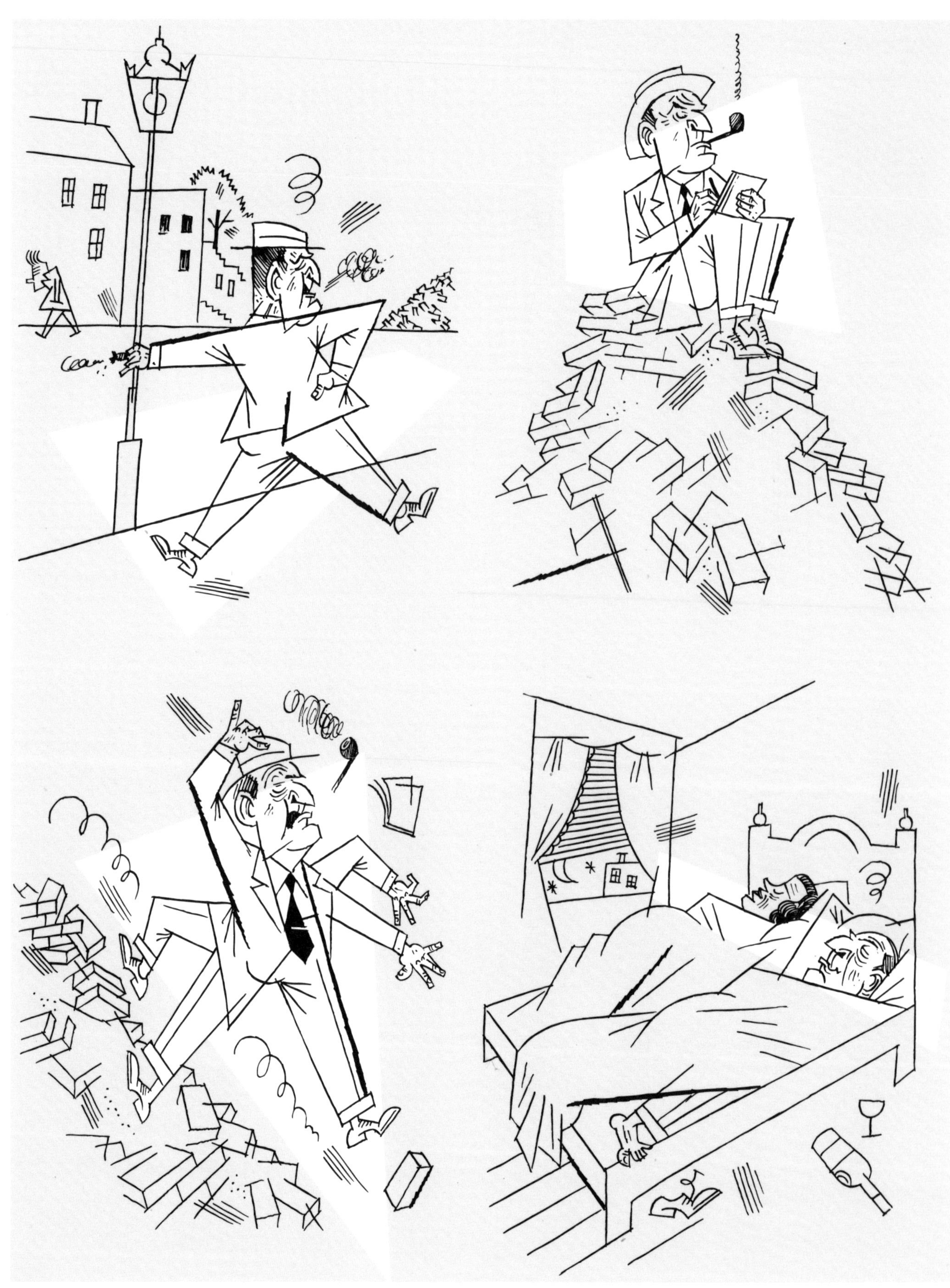

5. JULI
DiENER
Di
N
R

BERLIN
6. JULI
1959

TNYT

Personen:

GEORGE GROSZ: (1893-1959) KÜNSTLER
JOHN HEARTFIELD (HELMUT HERZFELDE): (1891-1968) KÜNSTLER
WIELAND HERZFELDE: (1896-1988) VERLEGER UND SCHRIFTSTELLER
EVA GROSZ (EVA PETER): (1895-1960) GEORGE GROSZ' GATTIN
RUDOLF SCHLICHTER: (1890-1955) KÜNSTLER
ERWIN PISCATOR: (1893-1966) REGISSEUR
PETER GROSZ: (1926-2006) INGENIEUR, SOHN VON GEORGE UND EVA GROSZ
MARTIN GROSZ: (1930-) MUSIKER, SOHN VON GEORGE UND EVA GROSZ

George Grosz' Zitate:

SEITE 1: GEORGE GROSZ: *ECCE HOMO*. DOVER PUBLICATIONS 1976, S. XIV
SEITE 4: *GEORGE GROSZ-BRIEFE 1913-1959*. HERAUSGEGEBEN VON HERBERT KNUST. ROWOHLT 1979, S. 53
SEITE 9: *GEORGE GROSZ-BRIEFE*, S. 34
SEITE 14: *GEORGE GROSZ-BRIEFE*, S. 42
SEITE 16-17 (ROTER TEXT): GEORGE GROSZ: "GESANG AN DIE WELT", 1918.
ENVISIONING AMERICA. BUSCH-REISINGER MUSEUM, HARVARD UNIVERSITY 1990, S. 103
SEITE 20: JOHN HEARTFIELD UND GEORGE GROSZ: "DER KUNSTLUMP". *DER GEGNER* 1920
SEITE 26: PETER-KLAUS SCHUSTER: *GEORGE GROSZ, BERLIN-NEW YORK*.
KUNSTSAMMLUNG NORDRHEIN-WESTFALEN DÜSSELDORF 1995, S. 137, 140
SEITE 32 UND BUCHRÜCKSEITE: GEORGE GROSZ: *ÜBER ALLES DIE LIEBE: 60 NEUE ZEICHNUNGEN*. BRUNO CASSIRER 1930
SEITE 37: GEORGE GROSZ UND WIELAND HERZFELDE: *DIE KUNST IST IN GEFAHR*.
ATHENÄUM VERLAG 1981 (MALIK VERLAG 1925), S. 19
SEITE 42: GEORGE GROSZ: "STATT EINER BIOGRAPHIE". ATHENÄUM VERLAG 1981, S. 42
SEITE 46: SCHUSTER, S. 218
SEITE 51: *GEORGE GROSZ-BRIEFE*, S. 98
SEITE 55: *GEORGE GROSZ-BRIEFE*, S. 122
SEITE 61: HERMANN HAARMANN: *GEORGE GROSZ. SKIZZENBÜCHER-NEW YORK 1934*.
B&S SIEBENHAAR VERLAG 2007, S. 9
SEITE 66: HERBERT BITTNER: *GEORGE GROSZ*. GEORGE GROSZ: "ÜBER MEINE ZEICHNUNGEN". ARTS INC. 1960, S. 35
SEITE 70: HANS HESS: *GEORGE GROSZ*. YALE UNIVERSITY PRESS 1985, S. 227
SEITE 74: GEORGE GROSZ: "UNTER ANDEREM EIN WORT FÜR DIE DEUTSCHE TRADITION". *DAS KUNSTBLATT* 1931

UMSCHLAG UND GESTALTUNG: LARS FISKE
WEITERE TITEL VON LARS FISKE:
KURT SCHWITTERS: JETZT NENNE ICH MICH SELBST MERZ. HERR MERZ
OLAF G.- AUF DEN SPUREN OLAF GULBRANSSONS (ZUSAMMEN MIT STEFFEN KVERNELAND)
AVANT-VERLAG GMBH, WEICHSELPLATZ 3-4, 12045 BERLIN
INFO@AVANT-VERLAG.DE
WWW.AVANT-VERLAG.DE
ISBN 978-3-96445-000-5
DIESE PUBLIKATION WURDE UNTERSTÜTZT VON NORLA 

Y